Chspan
599
.32
JAC

Jacobs, Lee.
Los conejos /
FRSN 1065611103

DORIS GATES CHILDRENS ROOM

APR   2005

D0538498

AMÉRICA SALVAJE

LOS CONEJOS

Por Lee Jacobs

BLACKBIRCH®
PRESS

THOMSON

GALE

San Diego • Detroit • New York • San Francisco • Cleveland • New Haven, Conn. • Waterville, Maine • London • Munich

Para
Stephanie
Pervos

© 2004 by Blackbirch Press. Blackbirch Press is an imprint of Thomson Gale, a part of the Thomson Corporation.

Thomson is a trademark and Gale [and Blackbirch Press] are registered trademarks used herein under license.

For more information, contact
The Gale Group, Inc.
27500 Drake Rd.
Farmington Hills, MI 48331-3535
Or you can visit our Internet site at http://www.gale.com

ALL RIGHTS RESERVED
No part of this work covered by the copyright hereon may be reproduced or used in any form or by any means—graphic, electronic, or mechanical, including photocopying, recording, taping, Web distribution or information storage retrieval systems—without the written permission of the publisher.

Every effort has been made to trace the owners of copyrighted material.

Photo Credits: Cover, back cover, pages 4, 12-13, 15, 16, 17, 22 © Corel Corporation; pages 3, 8, 10, 19, 20, 23 © CORBIS; page 4 © PhotoDisc; pages 5, 9, 18 © PhotoResearchers; pages 6-7 © Digital Stock; pages 7, 11, 21 © Tom & Pat Leeson Nature Wildlife Photography; pages 9, 13, 14, 21 © ArtToday

LIBRARY OF CONGRESS CATALOGING-IN-PUBLICATION DATA

Jacobs, Lee.
[Rabbit.Spanish]
 Los Conejos / by Lee Jacobs.
  p. cm. — (América.Salvaje)
Includes bibliographical references.
Summary: Examines the rabbit's environment, anatomy, social life, food, mating habits, and relationship with humans.
 ISBN 1-4103-0280-6 (hardback : alk, paper)
 1. Rabbit—Juvenile literature. [1. Rabbit. 2. Spanish language materials] I. Title. II. Series.

Printed in United States
10 9 8 7 6 5 4 3 2 1

Contenido

Introducción

Hace miles de años, los conejos solamente se encontraban en algunas partes de Africa y Europa. Luego fueron introducidos en otras partes del mundo. Hoy en día, los conejos viven en todos los continentes menos en Antártica. Son mamíferos que pertenecen a la familia Leporidae. Las liebres también son miembros de esta familia.

Mucha gente cree equivocadamente que los conejos y las liebres son lo mismo. De hecho, algunos nombres de estos animales en inglés agravan esta confusión. Por ejemplo, la liebre americana en inglés se llama "jackrabbit," que contiene la palabra "conejo". Pero no son conejos, son liebres. Además ¡una "liebre belga" en realidad es un conejo!

Se pueden encontrar conejos en cada continente excepto en Antártica.

4

Hay diferencias importantes entre las liebres y los conejos. Las liebres nacen peludas y con los ojos abiertos. Los conejos nacen sin pelo y ciegos. Las liebres son más grandes que los conejos, con las patas y las orejas más largas.

Los conejos de Norteamérica también se llaman conejos del Nuevo Mundo. El más común es el conejo cola de algodón. Diferentes tipos de estos conejos viven en diferentes regiones. El conejo cola de algodón del este habita el área más grande. Vive en todo el territorio de los Estados Unidos al este de las Montañas Rocallosas. También se encuentra en zonas del sur de Canadá y en algunas zonas del norte de México. El conejo cola de algodón de las montañas vive en algunas partes del sudoeste de Canadá y en varios estados del oeste en América. El conejo cola de algodón del desierto vive en muchos estados del oeste.

Los conejos son parientes de las liebres, pero son más pequeños.

El Hábitat del Conejo

Los conejos viven en varios hábitats a través de Norteamérica. Viven en cualquier lugar donde puedan esconderse de sus enemigos. Los conejos viven en bosques, praderas, desiertos, entre arbustos, o en cualquier campo que tenga escondites. Los conejos generalmente se quedan en un área de 10 acres (4 ha) de tierra, pero puede ser que algunos machos vaguen más lejos. A los conejos les gusta vivir cerca de agua. Son excelentes nadadores y se tiran al agua a fin de escapar de depredadores (animales que cazan a otros para alimentarse).

A los conejos no les gusta estar al aire libre. Sin protección, correrán a un lugar donde puedan esconderse.

A diferencia de los conejos europeos, o conejos del Viejo Mundo, la mayoría de los conejos de Norteamérica no construyen conejeras. En su lugar, cavan una depresión ligera en la tierra, llamada la cama de liebre. El conejo descansa en su cama de liebre durante el día. En invierno, puede ser que los conejos descansen en la madriguera abandonada de una marmota grande de América (los conejos cola de algodón del desierto usan las madrigueras de las mofetas y de las marmotas). Luego cavan una red de caminos debajo de la nieve. Estos caminos conectados se llaman corridas. Las corridas les ayudan a los conejos a viajar protegidos del peligro. En las corridas, los conejos no se encuentran al aire libre sin protección y sin un lugar donde esconderse en caso de peligro.

Los conejos europeos construyen conejeras.

El Cuerpo del Conejo

Los conejos de Norteamérica son típicamente de color gris, café, o rojizo-café. Su pelo es suave y grueso. El conejo cola de algodón tiene una mancha blanca en la frente. Muchos tipos de conejos mudan, o cambian, el pelo dos veces por año. Hacen esto para que les crezca pelo más grueso para el invierno y para deshacerse del pelo grueso para el tiempo más caluroso.

El conejo cola de algodón mide aproximadamente de 10 a 18 pulgadas (25 a 45 centímetros) de largo.

Los conejos de Norteamérica tienen pelo suave y grueso. Los conejos cola de algodón se llaman así por el pelo blanco que tienen debajo de la cola.

El conejo cola de algodón mide como promedio de 10 a 18 pulgadas (25 a 45 centímetros) de largo y pesa entre 1 y 4 libras (0.5 y 2 kilogramos). Las hembras generalmente son más grandes que los machos. Los conejos tienen una cola corta llamada el "rabo." Los conejos cola de algodón se llaman así por el pelo blanco debajo de su cola. A veces enseñan brevemente lo blanco de la cola como un aviso de peligro para otros conejos cuando se escapan de un depredador.

Los conejos tienen dos pares de dientes afilados superiores, llamados los incisivos, para roer materiales de plantas duros. Los ojos del conejo son grandes y se sitúan bien separados en cada lado de su cabeza. Esto les ayuda a tener un campo visual extenso. Los conejos también tienen orejas largas y un oído muy agudo. Las patas traseras, o posteriores, del conejo son mucho más largas que las patas delanteras. Sus largas patas posteriores les ayudan a brincar. Aunque los conejos por lo general brincan, pueden saltar hasta 15 pies (5 metros) en una sola zancada. La parte inferior de sus patas traseras está cubierta de pelo. Largas garras se extienden de los dedos de sus patas.

Orejas muy largas le
dan al conejo un
oído muy fino.

Al aire libre, los conejos
comen rápidamente.
Regresan a un escondite
seguro para terminar
la digestión.

Cuando los conejos se alimentan al aire libre, se exponen a los depredadores. El sistema digestivo del conejo le ayuda a adaptarse a este riesgo. Los conejos comen rápidamente y llenan sus estómagos. Después regresan al escondite. Ya escondido en un lugar seguro, el conejo produce materia fecal, o excremento. De hecho esta materia es comida parcialmente digerida. Es suave y húmeda, y contiene minerales importantes que el conejo necesita. El conejo se come estas suaves bolitas. Cuando ha terminado de diregir la comida, evacua de nuevo. Esta segunda vez el excremento es duro y seco. Usualmente lo dejan fuera de su guarida. Los conejos no se comen estas bolitas duras.

La Vida Social

A diferencia de los conejos europeos, la mayoría de los conejos de Norteamérica no son animales sociales. Sin embargo, permiten que las regiones que habitan se sobrepongan.

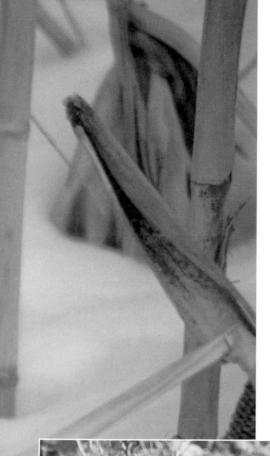

Los conejos utilizan el cuerpo para demostrar su estado de ánimo a otros conejos. Cuando está tranquilo, puede ser que un conejo se acueste sobre su estómago, estirandose las patas traseras. Cuando está asustado, muchas veces golpea el suelo con fuerza con sus patas traseras para advertirles a otros conejos del peligro. Los conejos normalmente son callados. Pero si están heridos o asustados, pueden emitir un fuerte grito o chillido.

Izquierda: Los conejos de Norteamérica son solitarios.
Abajo: Cuando está tranquilo, puede ser que un conejo se acueste sobre su estómago.

Caza

Esta pagina: Los conejos son herbívoros. Esto significa que se alimentan principalmente de hierbas.

Los conejos son animales nocturnos. Esto significa que por la noche están activos y durante el día duermen. Los conejos generalmente salen en el crepúsculo y empiezan a buscar comida. Son herbívoros, lo que significa que se alimentan principalmente de hierbas. Les gusta comer pasto, tréboles, raíces, tallos, y otras plantas. En invierno, cuando la comida se escasea, comen diversos tipos de corteza de árbol.

Una amplia variedad de animales caza a los conejos. Entre los depredadores más comunes están los zorros, los linces, los búhos, los halcones, los serpientes, las mofetas, las comadrejas, los mapaches, los perros, y los gatos. Como defensa contra los depredadores, los conejos tienen varias características que les ayudan a escapar de sus enemigos.

Su excelente visión les permite siempre estar alerta. ¡Incluso pueden dormir con los ojos abiertos! Los conejos también tienen un agudo olfato y siempre se crispan la nariz para percibir cualquier olor cercano. La mejor defensa del conejo frente al peligro es sus orejas, que son largas y flexibles. Pueden girar las orejas fácilmente y escuchar los más leves sonidos. Los conejos pueden mover sólo una oreja, o ambas a la vez.

Los ojos grandes de los conejos les dan una excelente visión. Esto les ayuda a mantenerse alerta enfrentado al peligro.

A diferencia de las liebres, los conejos no son corredores veloces. Pero sí tienen formas de escapar de sus depredadores. Para evitar que su enemigo lo vea, el conejo se queda inmóvil e intenta a armonizarse con su ambiente. Para escapar de un depredador, el conejo brinca o corre en zigzag.

Esto les permite cambiar de dirección rápidamente y confundir a sus enemigos. Puede parecer que el conejo está corriendo al azar cuando hace esto, pero en realidad está haciendo un círculo grande de regreso al lugar de donde empezó.

Opuesto y esta página: Los conejos no son corredores veloces. Para confundir a sus enemigos, corren en zigzag.

El Juego de Apareamiento

El conejo macho se llama "gamo" y la hembra se llama "gama". La mayoría de los conejos pueden críar en cualquier época del año, pero la época de celo más activa es entre febrero y octubre. Los gamos compiten por las gamas. Brincan en el aire y se desafían uno al otro. Las gamas y los gamos también se persiguen juguetonamente. Esto forma parte del proceso de cortejo.

Muy a menudo los machos y las hembras se juntan entre febrero y octubre.

Los conejos bebés nacen en un nido de nacimiento construido por la madre.

La mayoría de las gamas se pueden embarazar a partir de los 8 meses de edad. Poco tiempo antes de que nazcan sus bebés, la gama embarazada construye un nido de nacimiento. Es una ligera depresión que ella delinea con hojas suaves y mechones de pelo de su propia barriga. Esto crea un nido acogedor para sus bebés. Cuando ella sale en busca de comida, cubre el nido de pasto y hojas para proteger a sus crías de depredadores.

El embarazo dura entre 28 y 32 días. Las hembras tienen varias camadas cada año, y generalmente tienen 4 o 5. En cada camada da entre 5 y 8 crías a luz. Los conejos tienen un índice de mortalidad muy alto debido a enfermedades y a sus diversos depredadores. Pero también tienen la capacidad de reproducirse rápidamente. De hecho, muy a menudo las gamas se aparean al corto tiempo de haber dado sus crías a luz.

Los Bebés

Los bebés, o "kits" en inglés, nacen ciegos y pelones. Al nacer son pequeños e indefensos. La mayoría sólo pesan aproximadamente 1 onza (28 gramos) y miden 4 pulgadas (10 centímetros) de largo. Sus ojos permanecen cerrados durante aproximadamente una semana. Las gamas amamantan a sus crías una vez al día durante aproximadamente 2 semanas (los conejos cola de algodón de las montañas son amamantados por un mes). En menos de diez días, les crece pelo a los bebés.

Los bebés se llaman "kits" en inglés y son pequeños, pelones, e indefensos al nacer.

El "kit" está listo para dejar el nido cuando tiene 14 a 16 días de edad, pero permanece cerca de sus hermanos.

Los "kits" duermen, comen, y juegan juntos. Después de 4 ó 5 semanas, partirán solos. Se convierten en adultos al cumplir 4 meses. Están listos para aparearse en la primavera siguiente.

Esta página: A los 4 meses de edad, los conejos son adultos.

Los Conejos y El Hombre

Los conejos son mascotas maravillosas. Les encanta jugar y son criaturas muy dóciles. De hecho, los conejos son una de las mascotas preferidas en Norteamérica. La mayoría de las especies domésticas son diferentes a los conejos salvajes de Norteamérica. Los conejos domésticos son parientes de los conejos salvajes Europeos. A diferencia de los conejos cola de algodón de Norteamérica, los conejos domésticos son de muchos tamaños y colores. Algunos tienen el pelo corto, mientras otros tienen el pelo largo y suave. Algunos tienen orejas altas y derechas, y otros tienen orejas ovaladas que se inclinan. Los conejos salvajes no se deben mantener como mascotas, y las mascotas no se deben liberar a la naturaleza. Ambos tendrían problemas sobreviviendo en estos ambientes.

Los conejos se encuentran entre las mascotas preferidas en Norteamérica.

La gente ha cazado a conejos salvajes por mucho tiempo. Son los animales más cazados en América. Los automóviles también atropellan a miles de conejos cada año. Algunas personas se molestan por los conejos que buscan comida en sus flores y jardines. Pero la mayoría de la gente los quieren y gozan de observar a estas pacíficas criaturas en su ambiente natural.

La mayoría de la gente disfrutan de observar a los conejos en la naturaleza.

Glosario

Conejera Una pequeña depresión en la tierra que cava el conejo de Norteamérica para hacer su nido.

Corridas Una red de caminos construidos debajo de la nieve por los conejos

Depredador un animal que caza a otro para alimentarse

Gama El conejo hembra

Gamo El conejo macho

Herbívoro Un animal que se alimenta principalmente de plantas

"Kit" El conejo bebé en inglés

Nocturno Duerme durante el día y está activo durante la noche

Rabo La cola del conejo

Para Más Información

Libros

Evans, Mark. *ASPCA Pet Care Guides for Kids: Rabbit.* New York: DK Publishing, 1992.

Tagholm, Sally and Bert Kitchen. *Animal Lives: The Rabbit.* New York: Kingfisher, 2000.

Viner, Bradley. *All About Your Rabbit.* (All About Your Pets series). Hauppauge, NY: Barrons Educational, 1999.

Sitio de Web

House Rabbit Society
http://www.rabbit.org

Índice